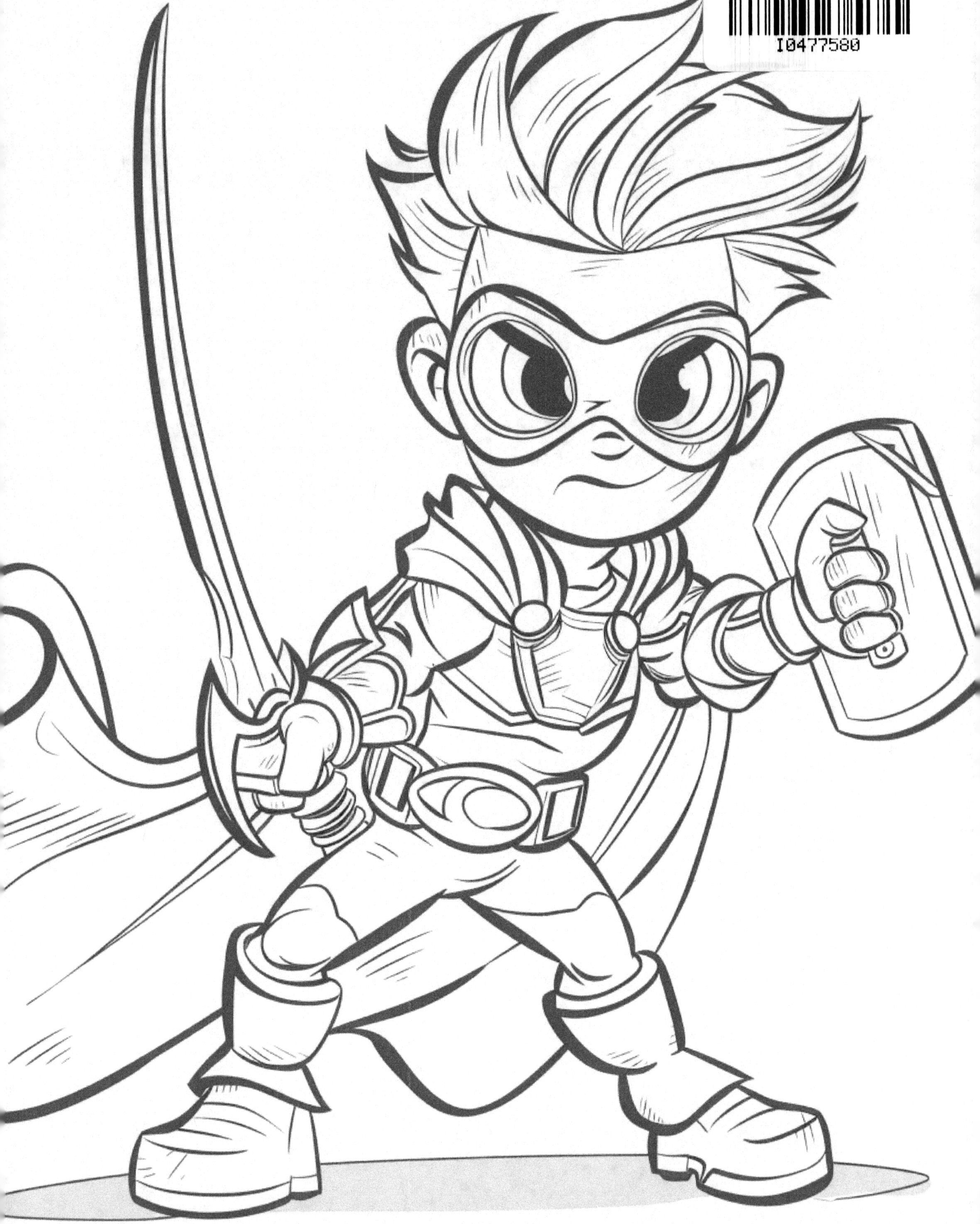

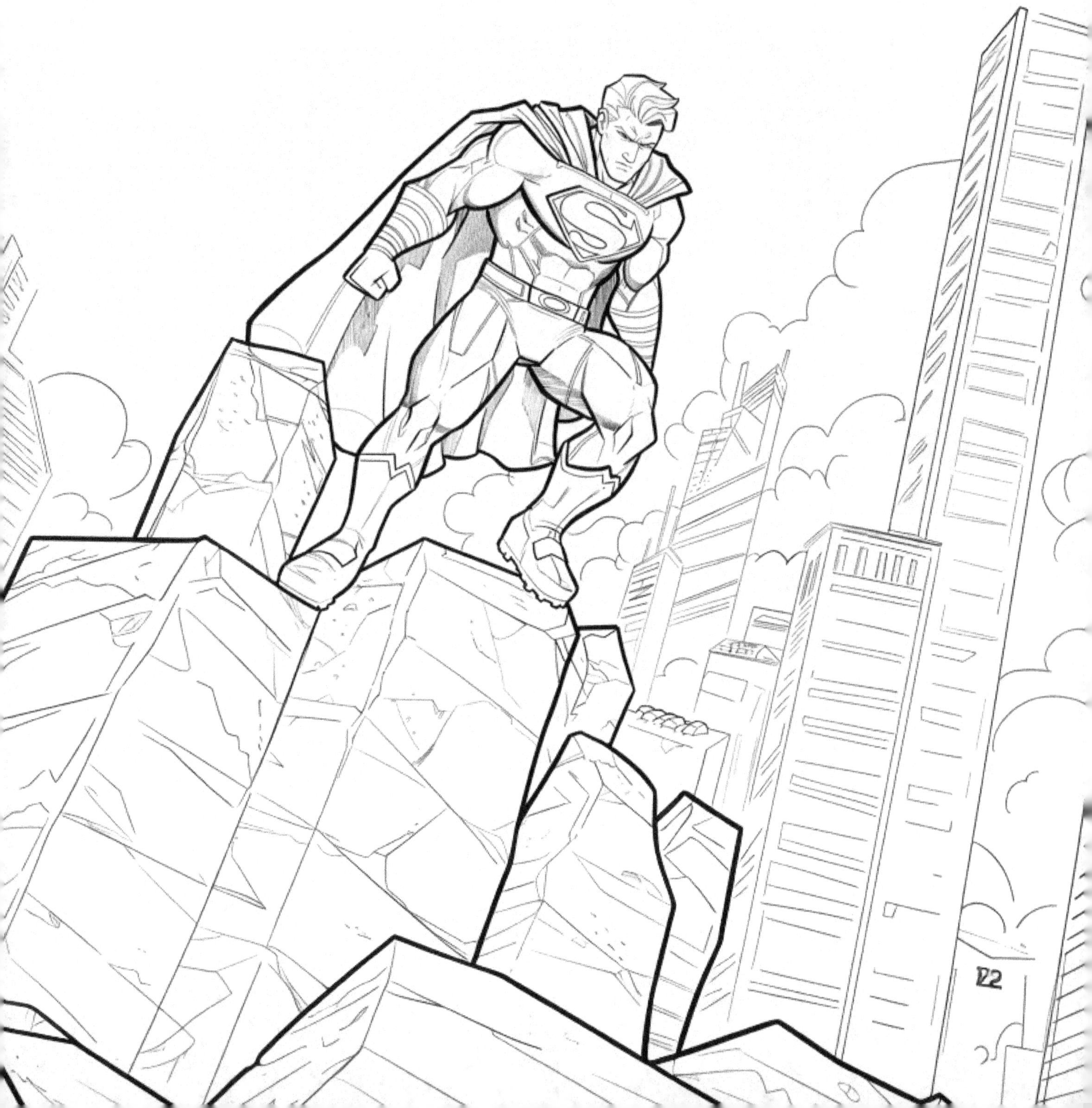

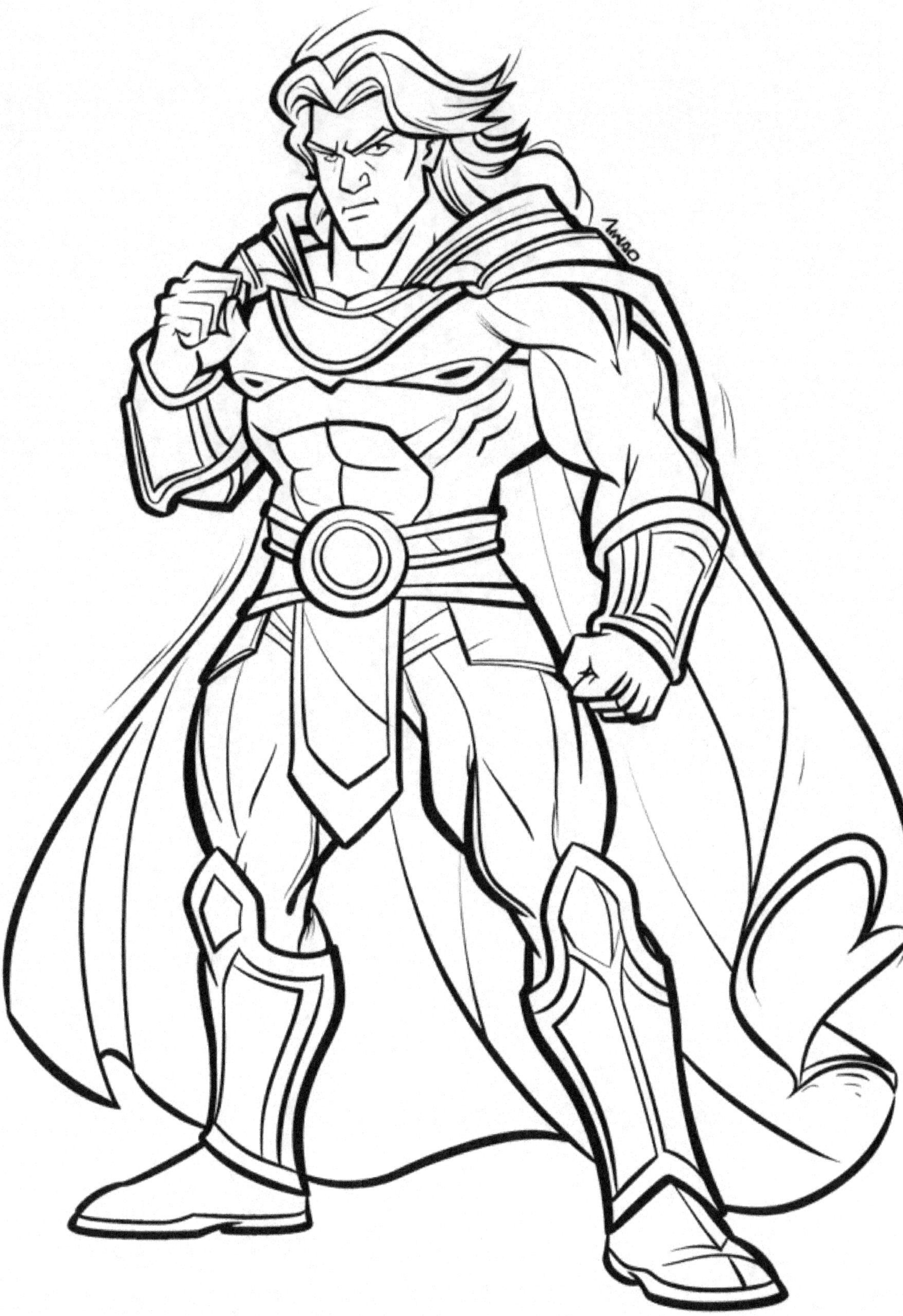

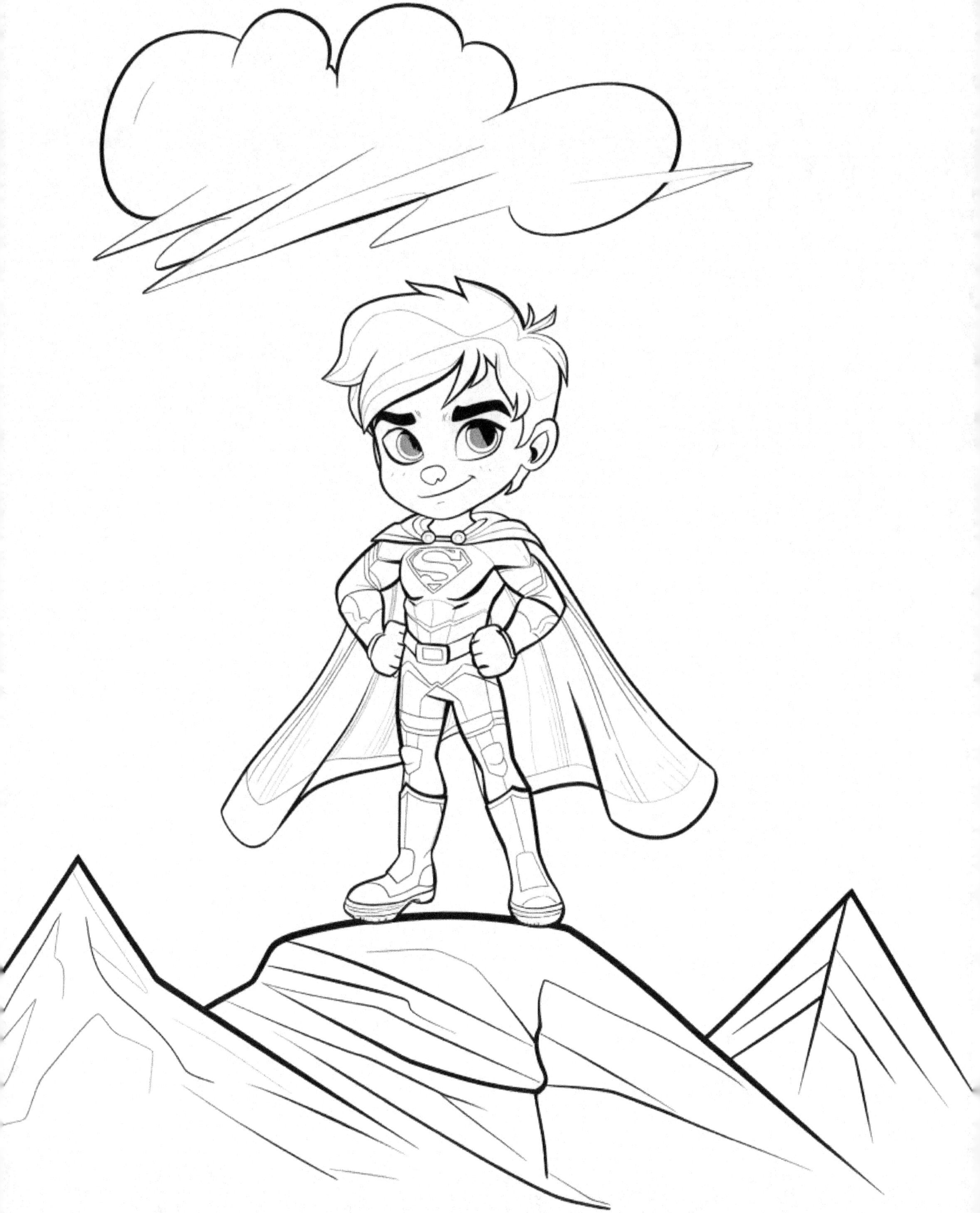

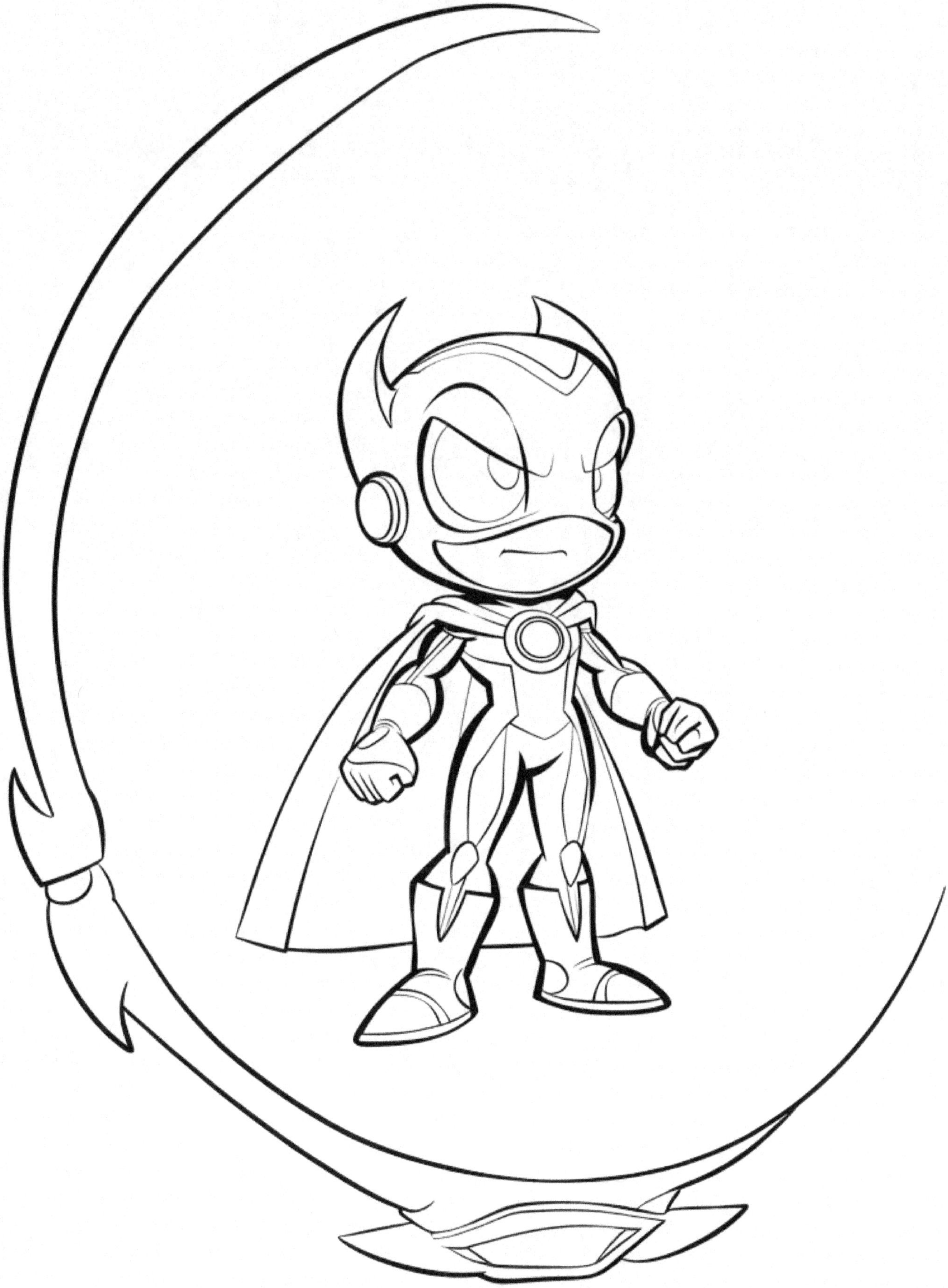

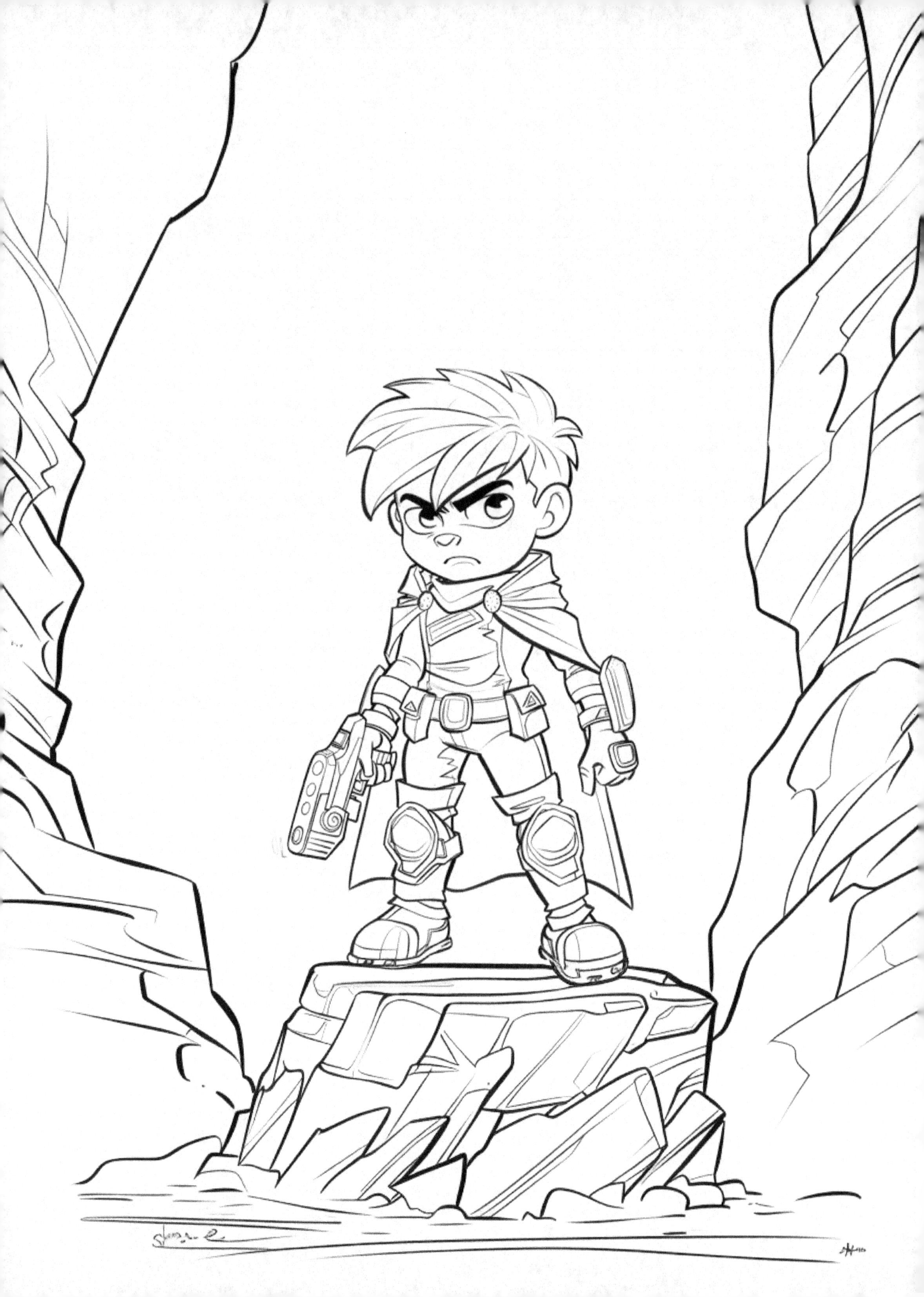

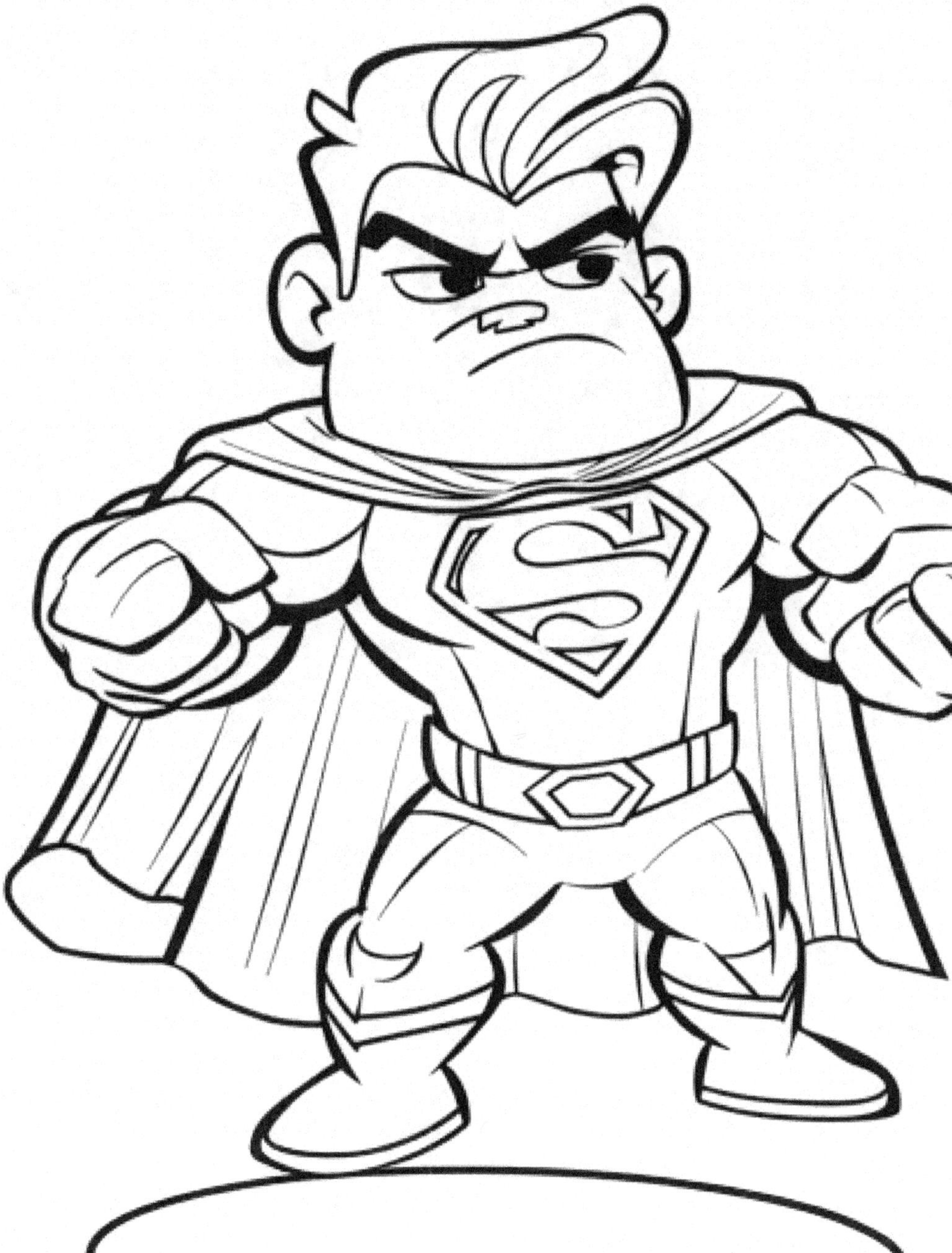

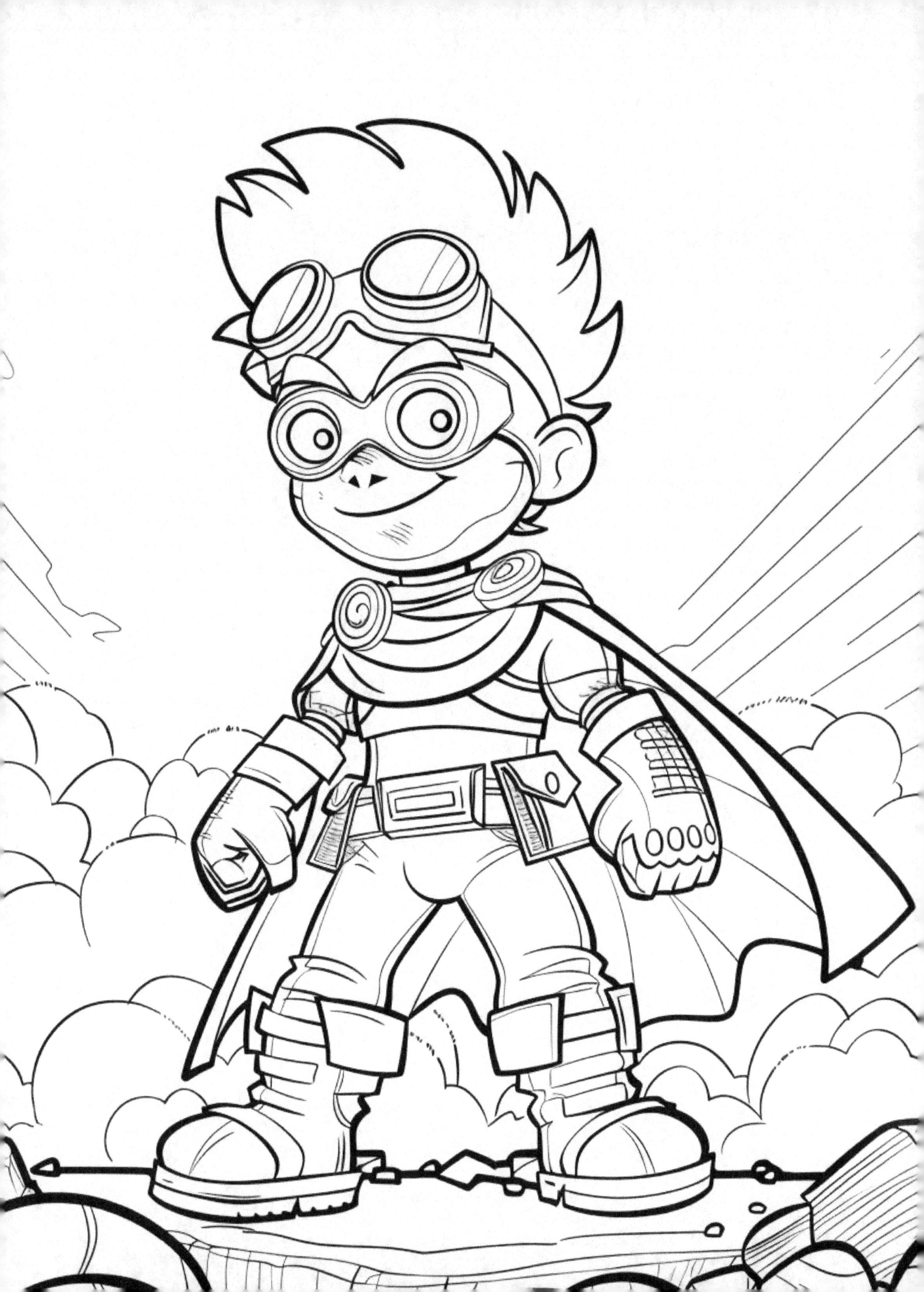

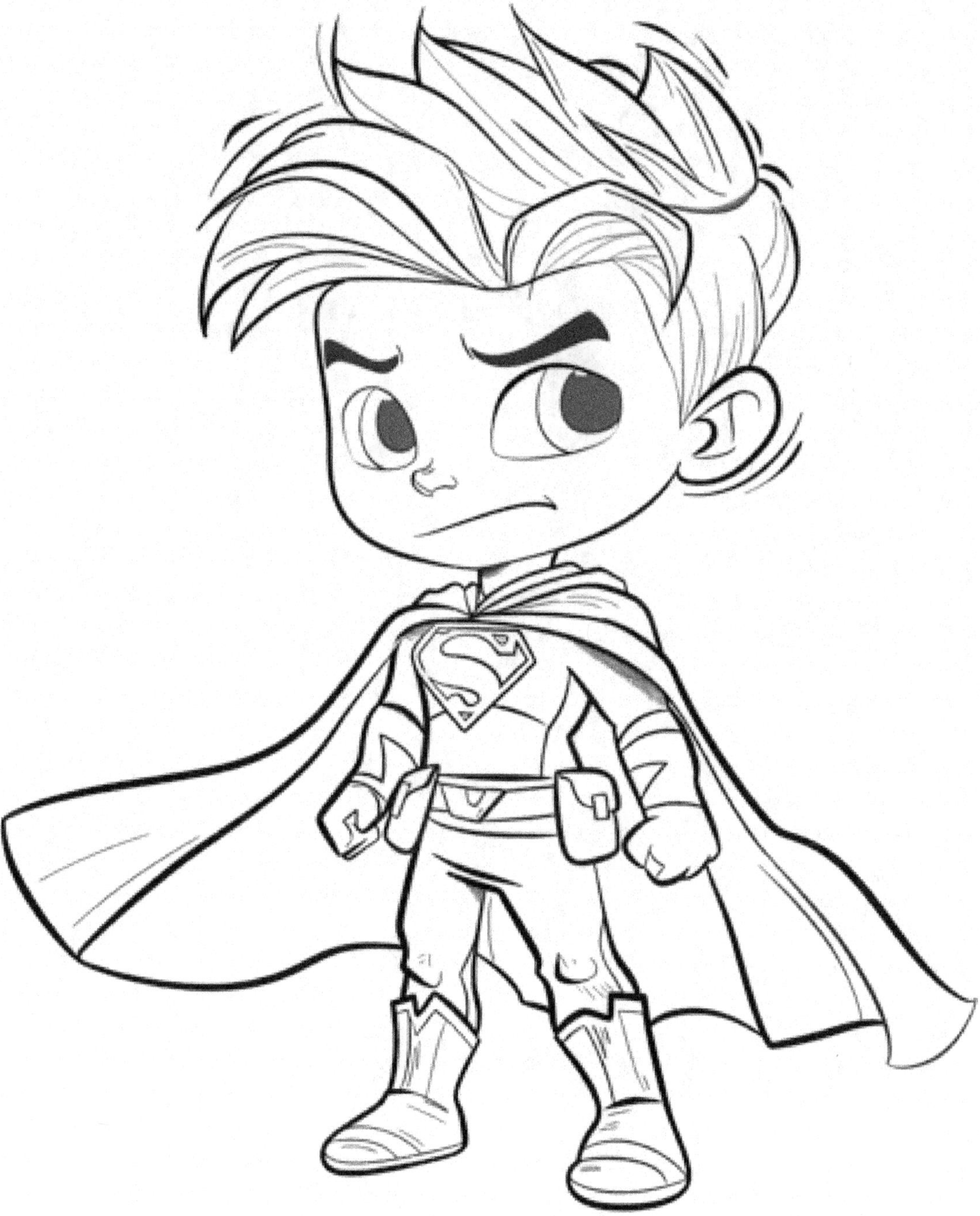

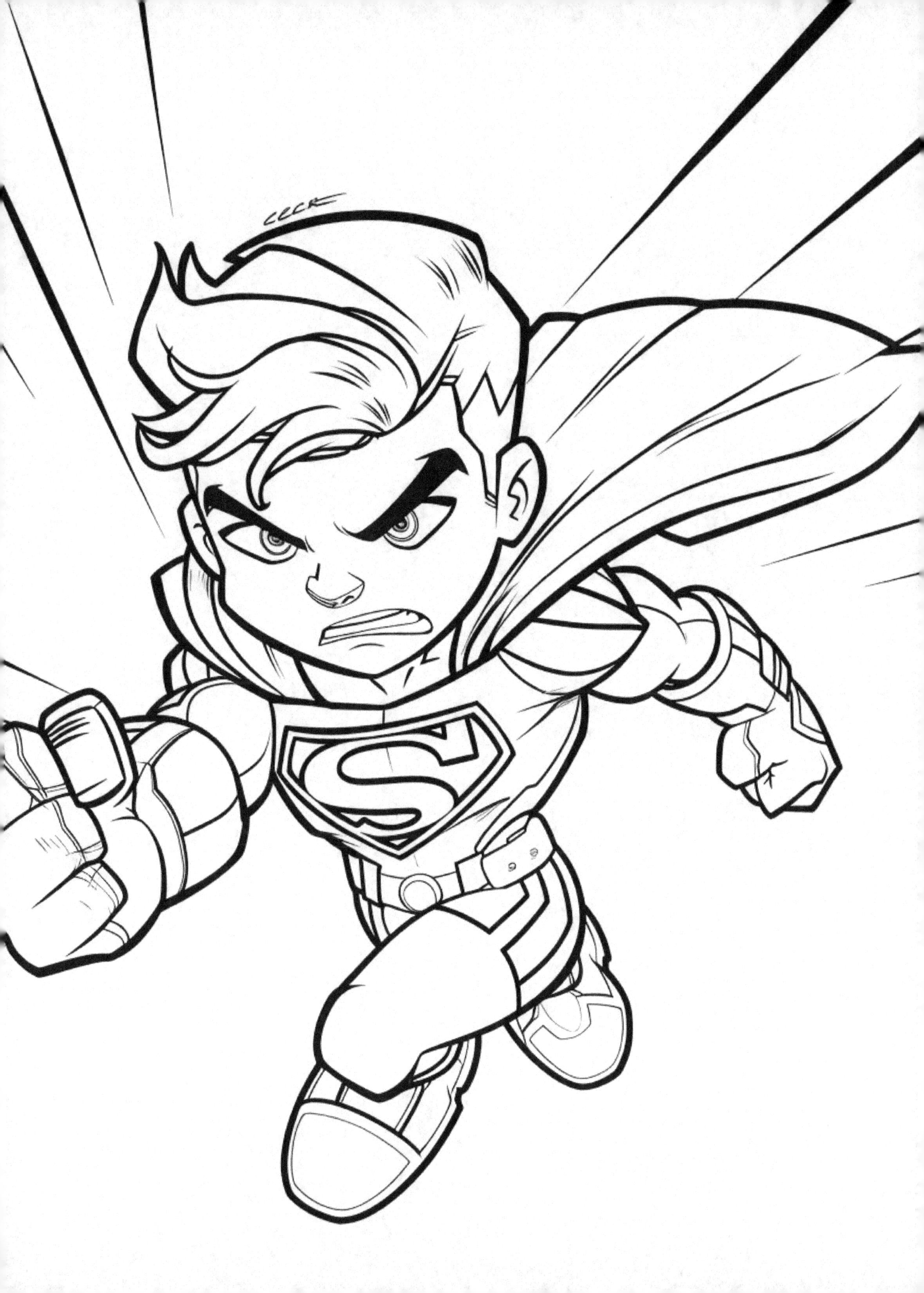

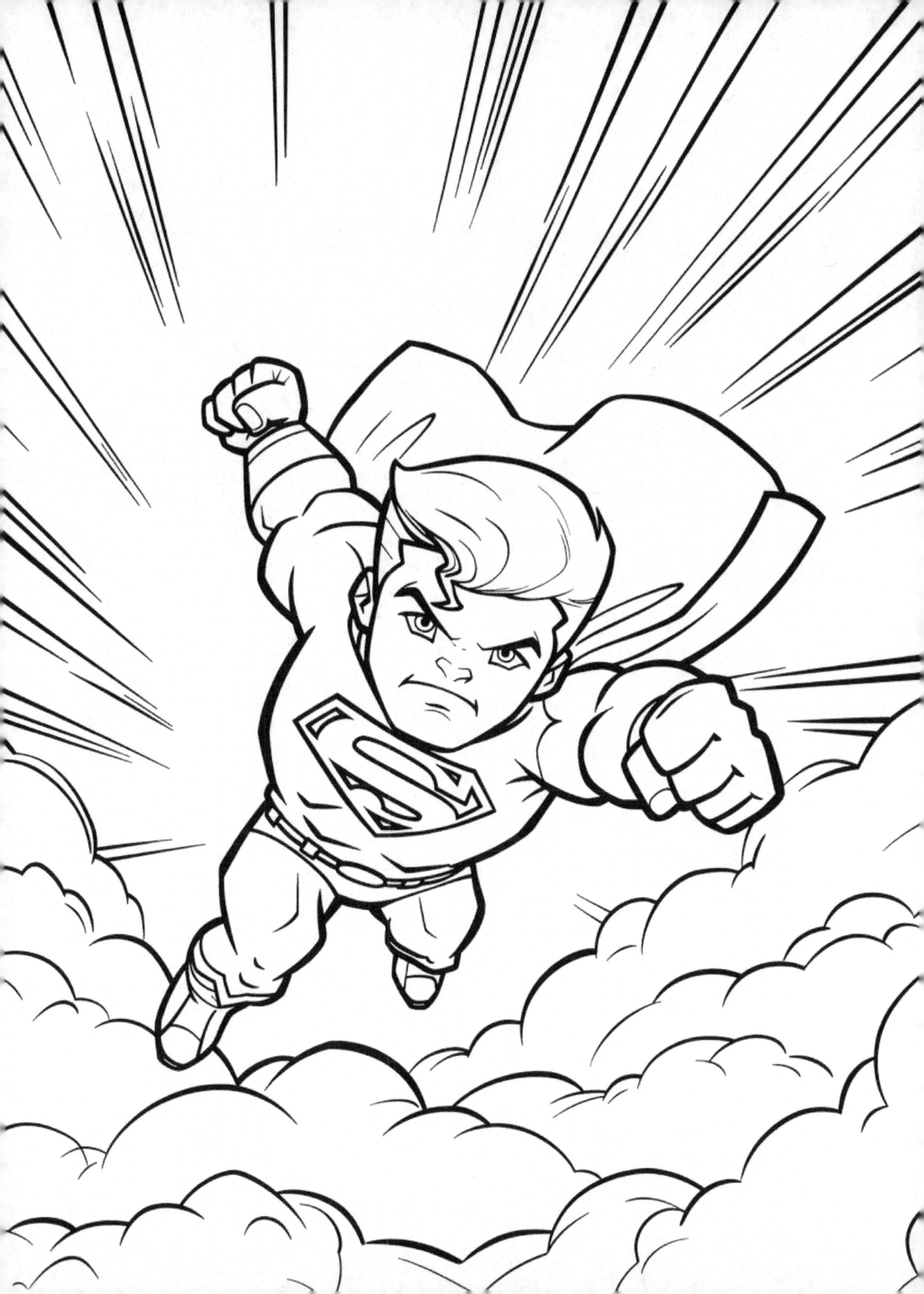

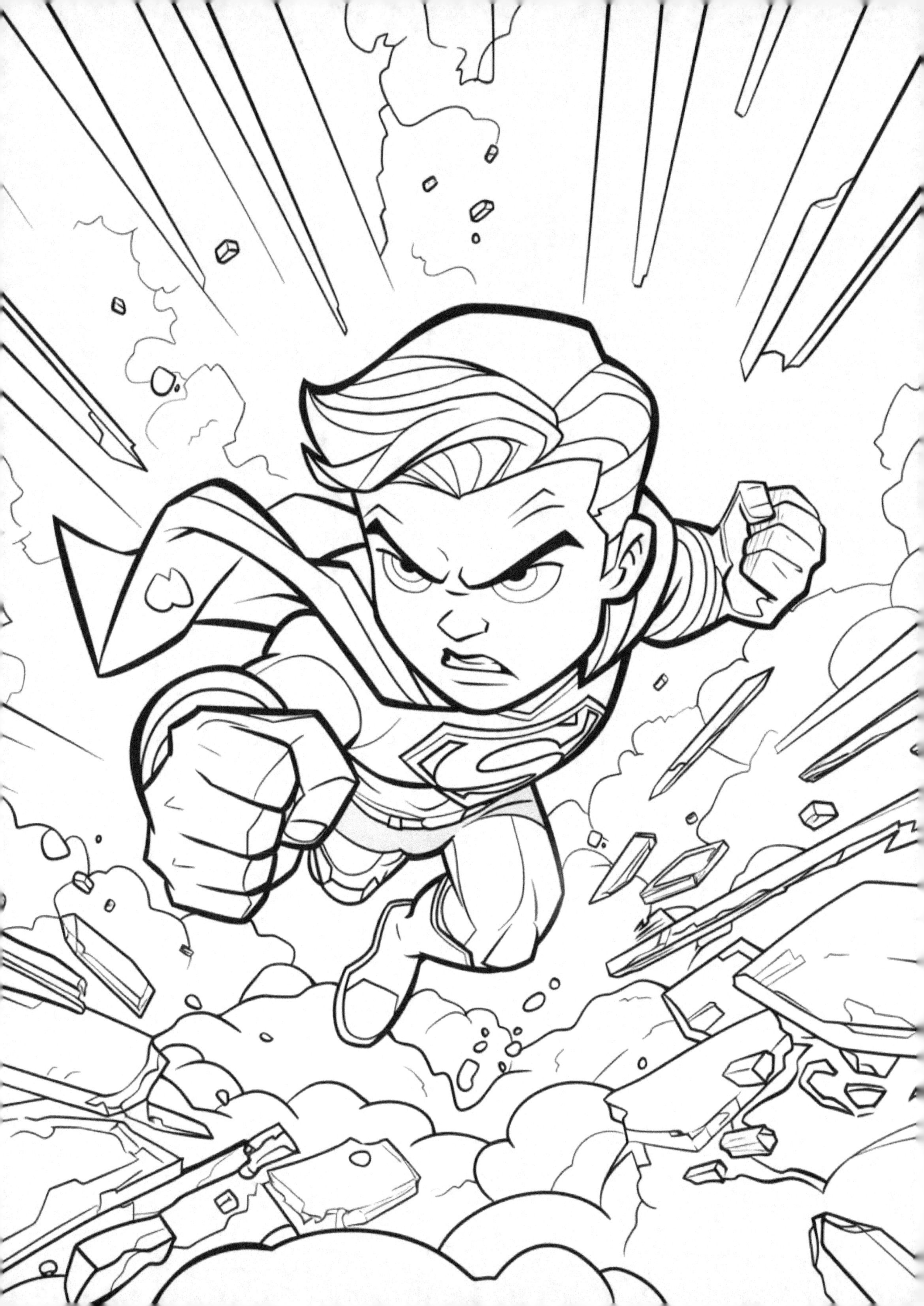

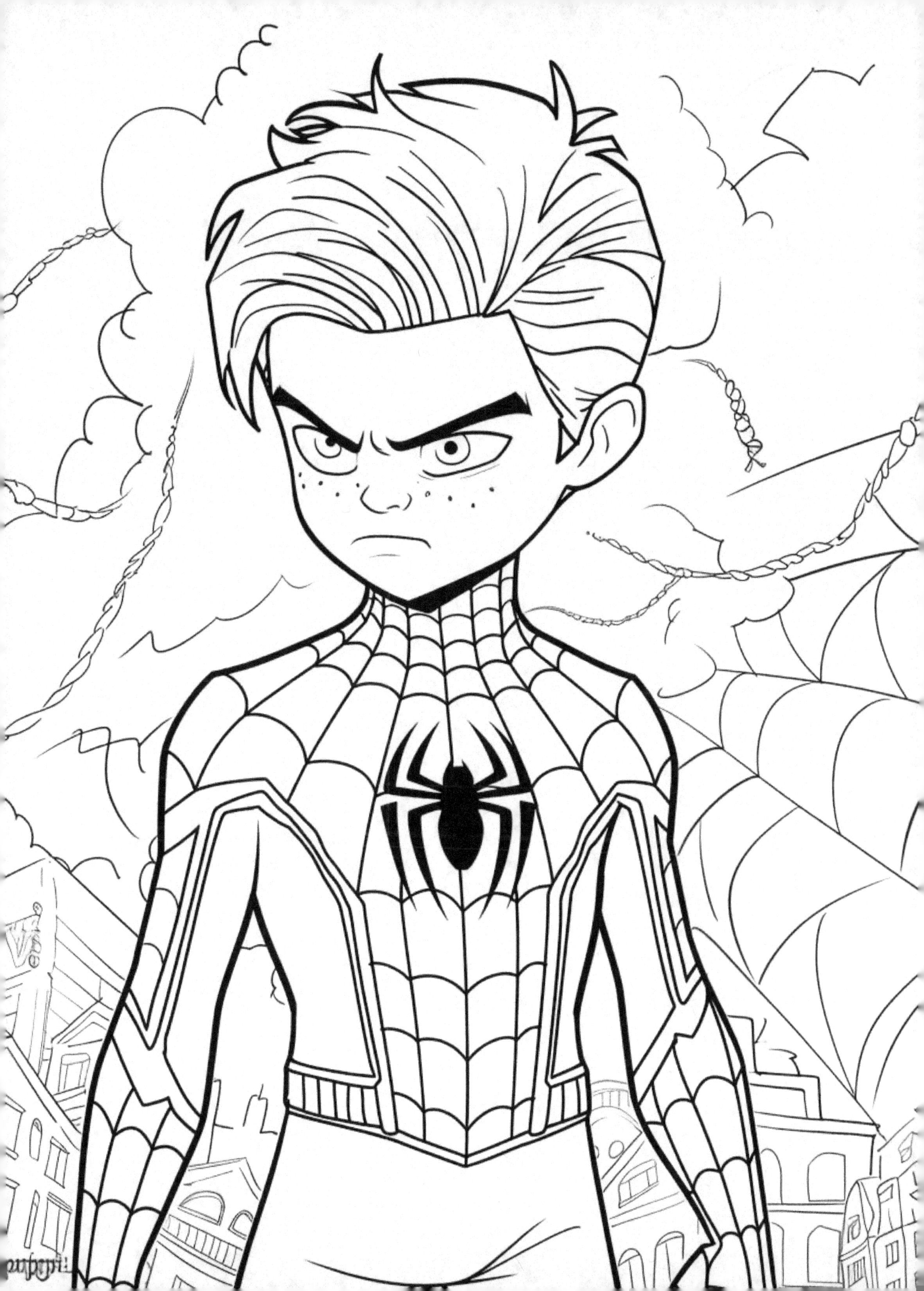

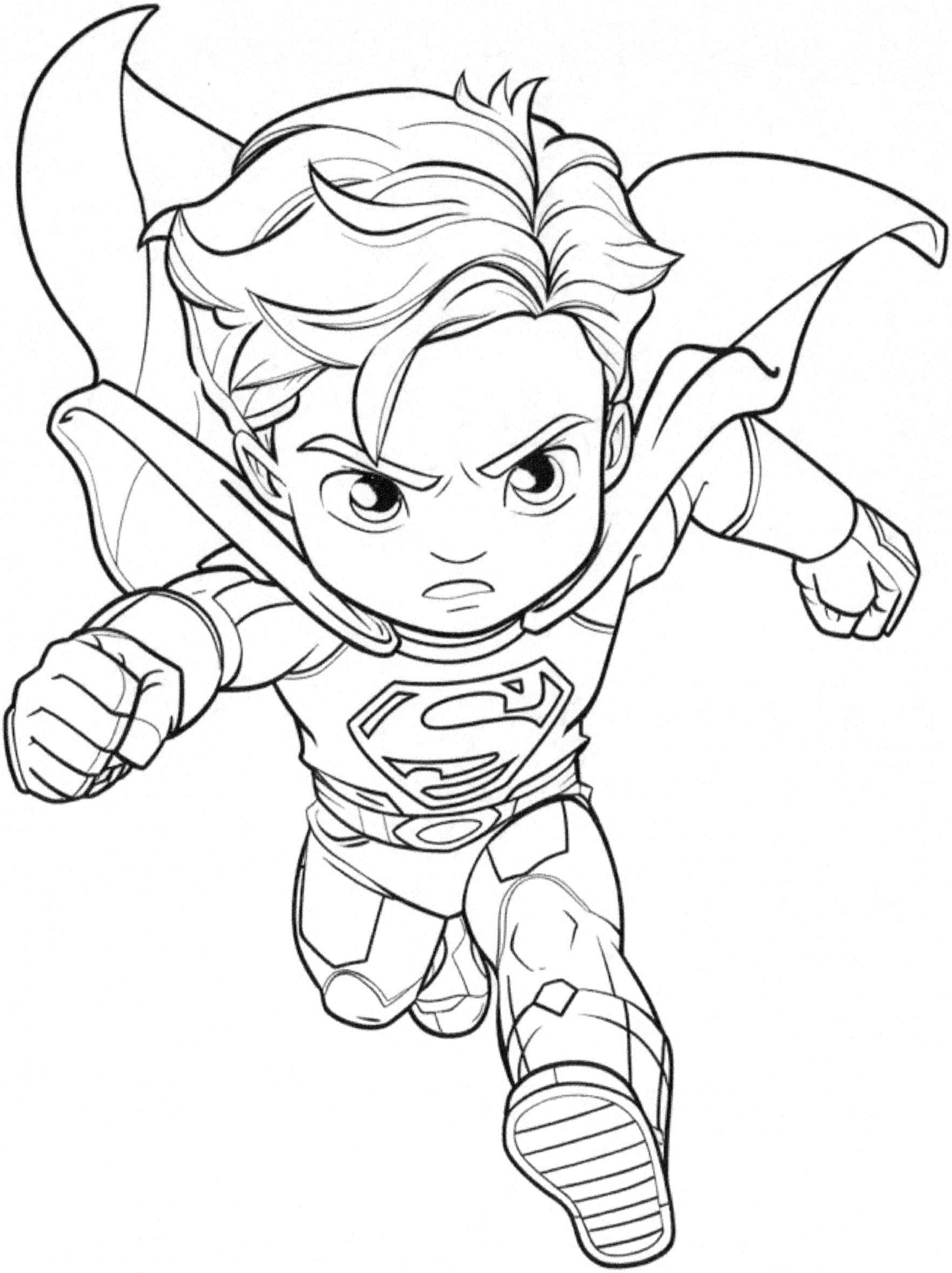

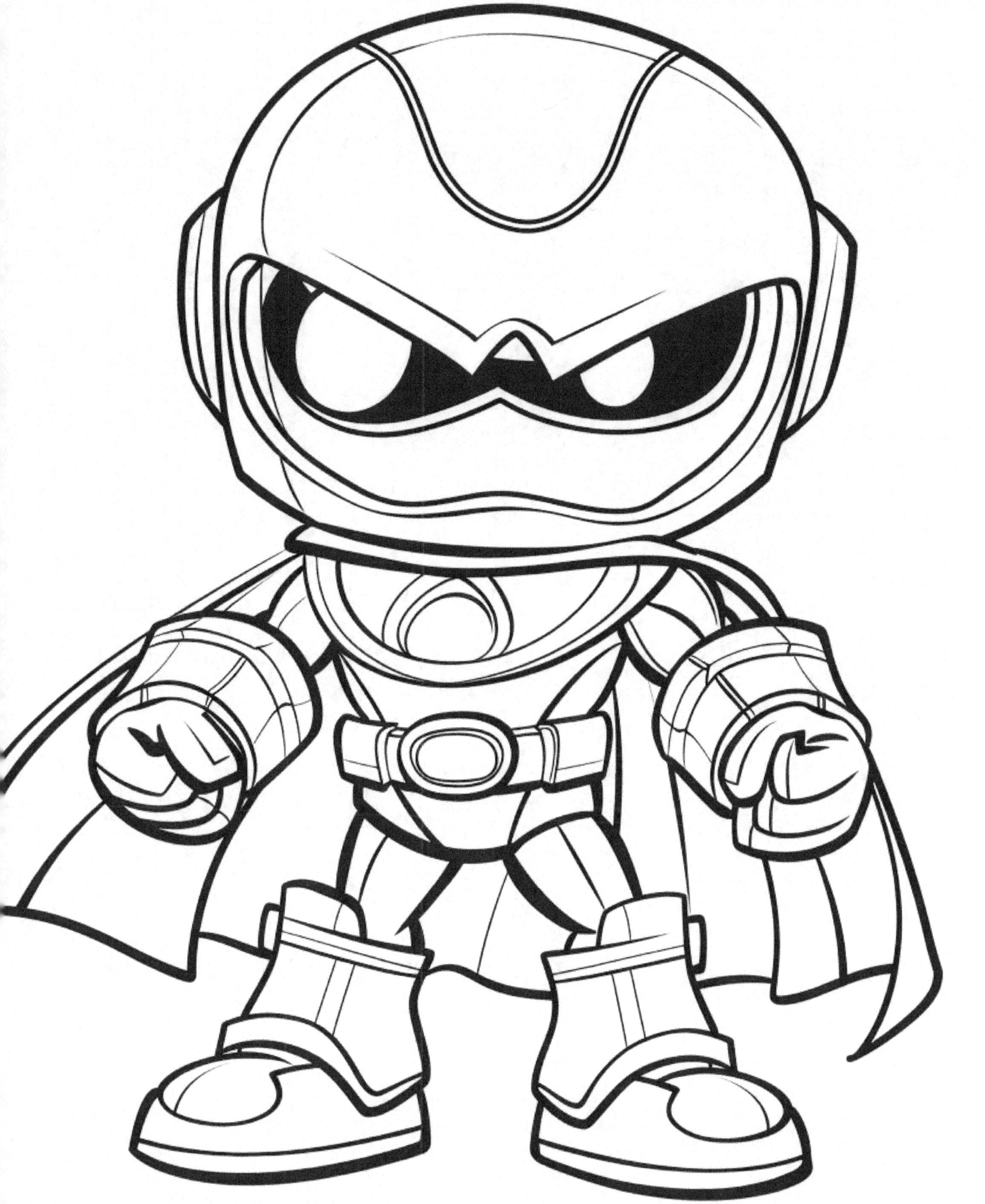

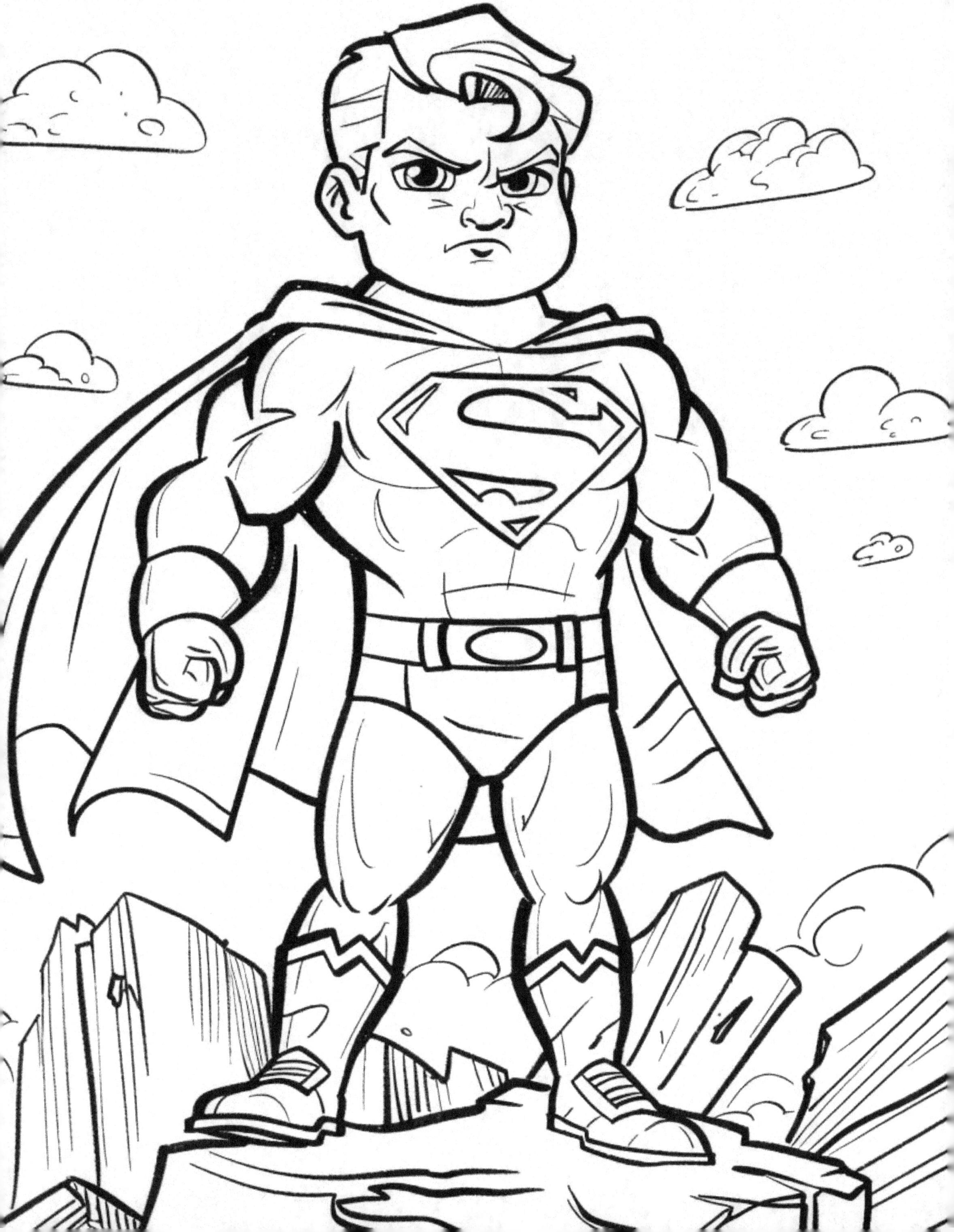

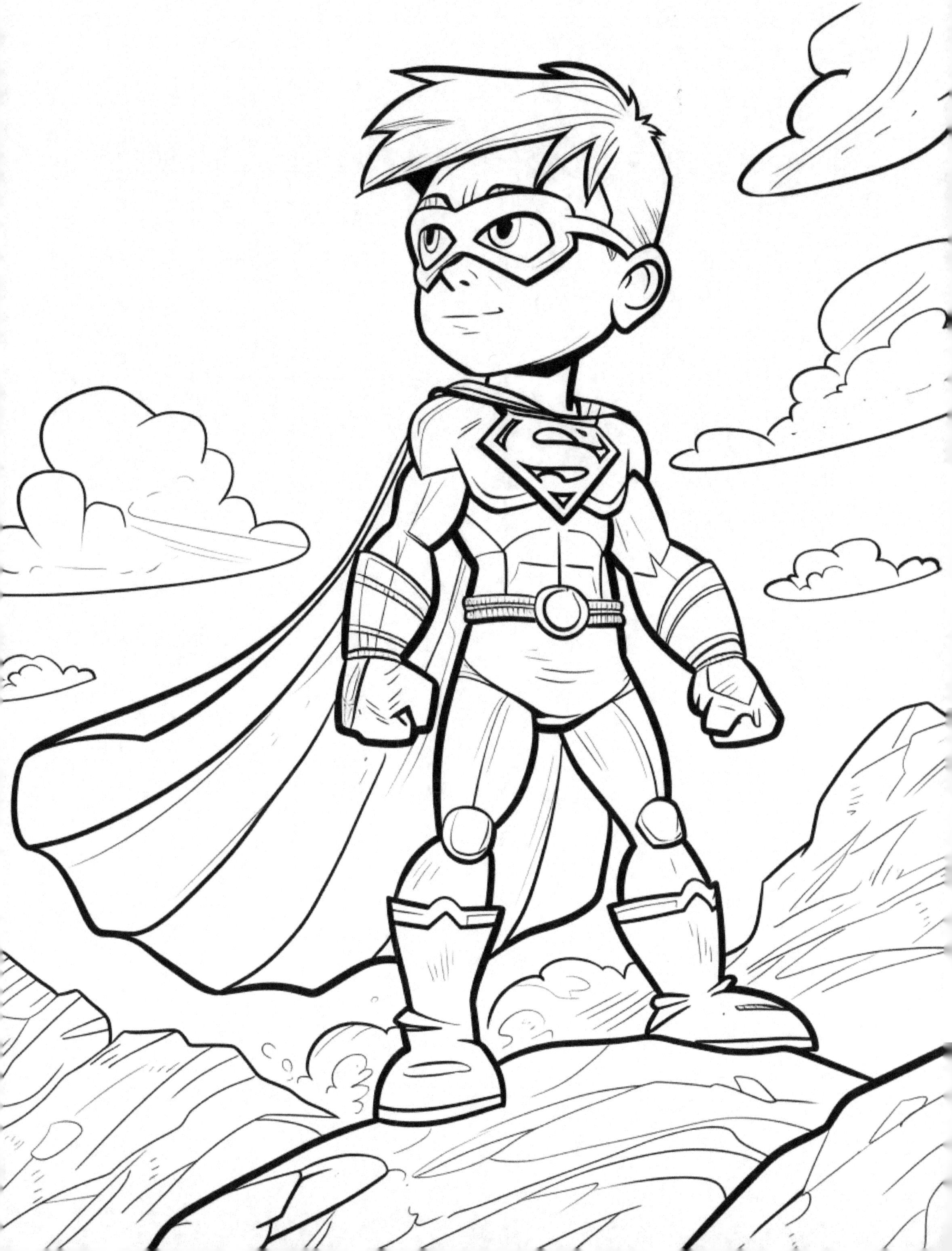

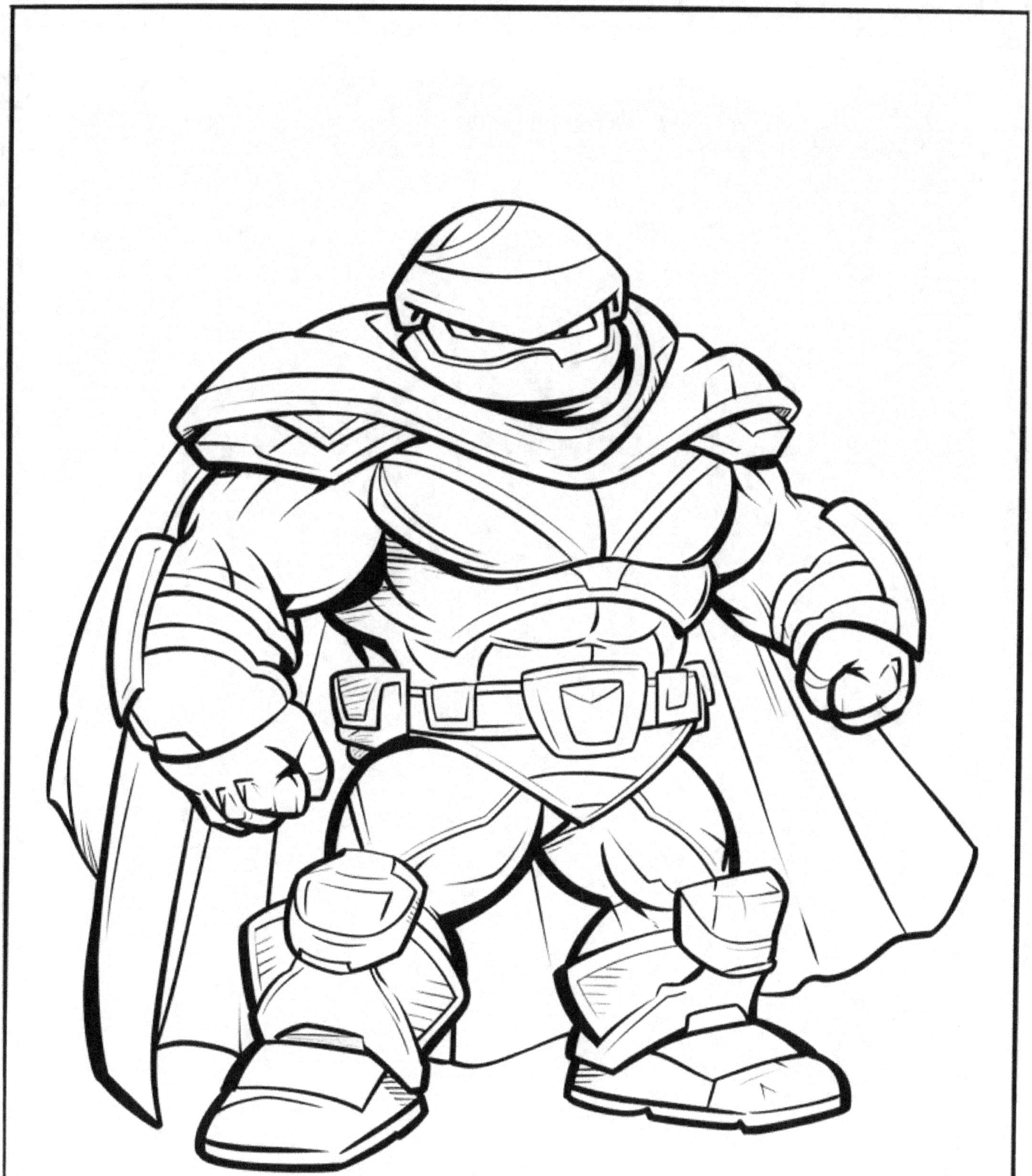

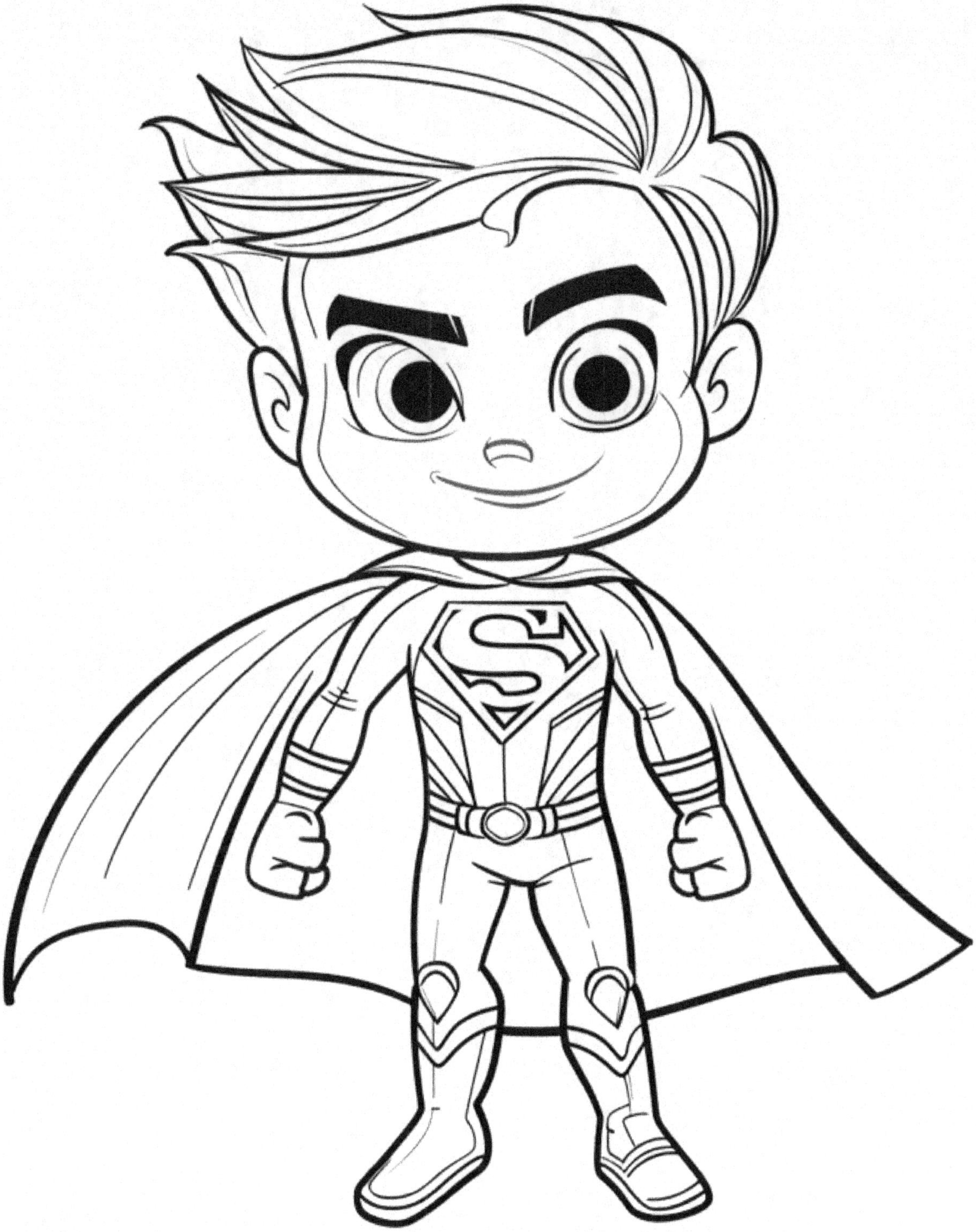

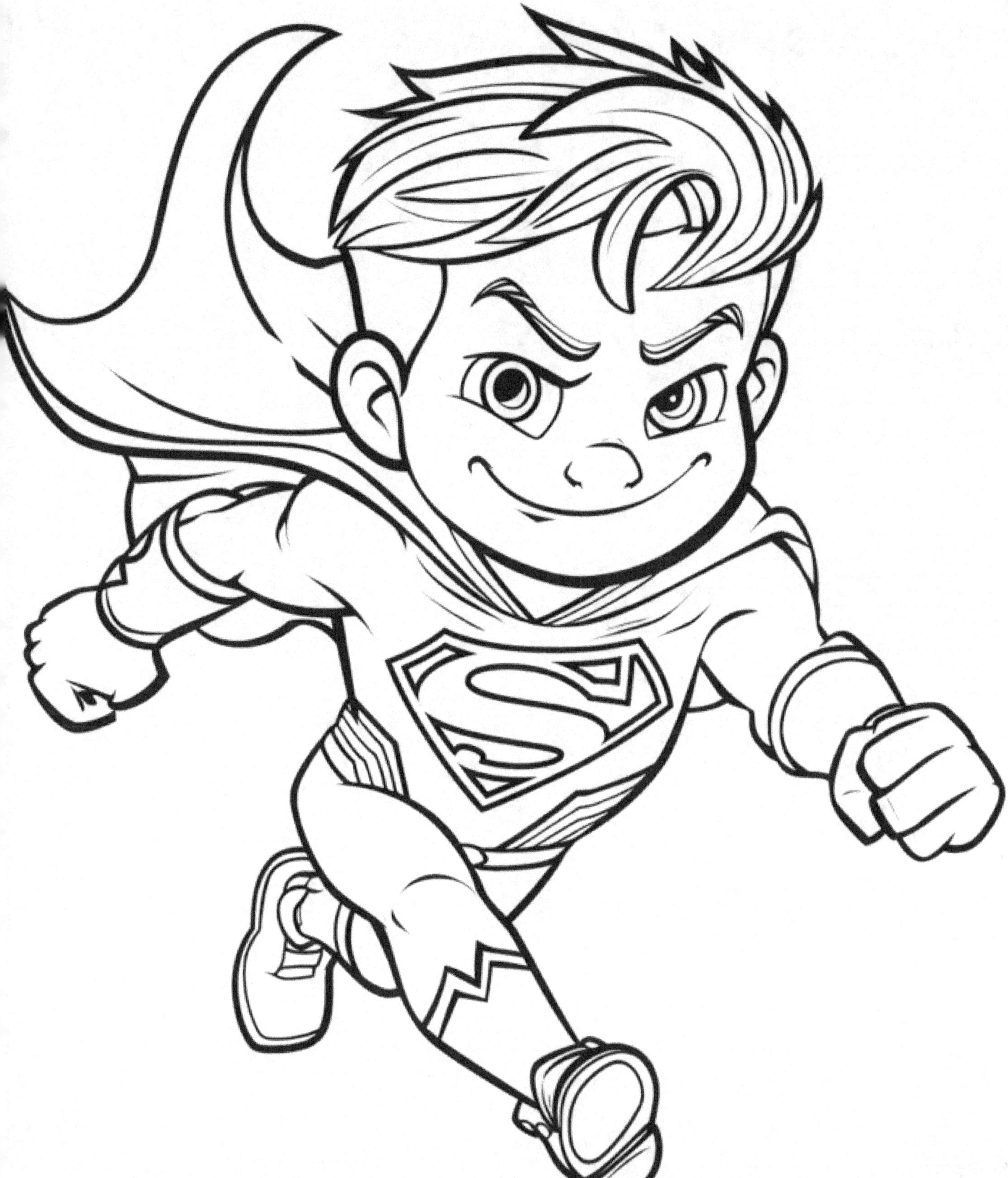

www.ingramcontent.com/pod-product-compliance
Lightning Source LLC
Chambersburg PA
CBHW082124220526
45472CB00009B/2290
* 9 7 9 8 3 2 8 6 0 1 1 5 3 *